Lb 56.
103.

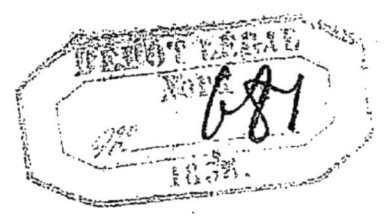

LA

QUESTION D'ORIENT

MISE EN VERS

ET

SUIVIE DE PLUSIEURS AUTRES QUESTIONS EN PROSE.

Dunkerque. — Typographie de VANDEREST.

LA

QUESTION D'ORIENT

MISE EN VERS

ET

SUIVIE DE PLUSIEURS AUTRES QUESTIONS EN PROSE.

OPUSCULE

DÉDIÉ

AUX GENS MODÉRÉS

PAR

M. FÉLIX BOULLENOT.

PARIS

CHEZ LES MARCHANDS DE NOUVEAUTÉS

1855

LA QUESTION D'ORIENT

MISE EN VERS

ET

SUIVIE DE PLUSIEURS AUTRES QUESTIONS EN PROSE.

LA QUESTION D'ORIENT.

Le grand Turc, à présent, est un triste seigneur
Qui vit dans son harem sans gloire et sans honneur ;
Du czar un camouflet peut le jeter à terre ;
Pour lui faudrait-il donc entreprendre la guerre ?
— Dépenser son argent pour qui n'a pas le sou
Serait certainement la conduite d'un fou.

En fin de compte, un Turc est-ce vraiment un homme,
Un homme comme nous?—Eh! non, celui qu'on nomme
Enfant de Mahomet et qui fut circoncis
Ne peut, en aucun temps, être de nos amis.
L'homme civilisé, gracieux pour les dames,
A de bons procédés envers toutes les femmes,
Tandis qu'un vilain Turc, vilain pour le moral,
Traite la femme, hélas! comme un simple animal.
La femme en un sérail, tristement renfermée,
Un seul instant ne peut être une femme aimée.
La femme pour un Turc est un jouet, un rien,
Qu'il brise quand il veut : c'est à lui, c'est son bien.
La femme pour un Turc est un être sans âme
Qu'un rayon lumineux, un seul moment, enflamme :
Sitôt qu'il est éteint, tout alors est fini.
Pour de tels sentiments que le Turc soit honni ;
Qu'il soit chassé d'Europe avec tous ses bagages
Et qu'il emporte au loin ses coutumes sauvages.

Si le mahométan, jadis aventureux,
A pu dans les combats être long-temps heureux
Et gagner un royaume où la race chrétienne
Devait toujours rester maîtresse et souveraine ;
Faudrait-il, maintenant que le Turc amolli
A peine à se tenir sur son divan vieilli,
Etayer follement une race maudite
Que le ciel, à la fin, paraît avoir proscrite ?
Non pour sûr : Désormais chez nous le musulman
Ne doit plus figurer que dans quelque roman.
De l'Europe il nous faut repousser l'islamisme
Et de ses sectateurs l'inepte fanatisme.

Chasser le Turc, dit-on, mais c'est vouloir briser
Un système qu'on eut grand'peine à composer.

Il faut sauver le Turc pour garder l'équilibre
Qui maintient chaque État indépendant et libre.
Si le Turc s'en allait — qui peut lui succéder ?
— Le Russe qui partout déjà peut commander ?
Mais le Russe est alors tout puissant sur la terre ;
Et quand il lui plairait de lancer son tonnerre,
Suivant son bon plaisir à tous dictant des lois,
Le Russe soumettrait les peuples et les rois.

Tout ça c'est du pathos ; et vraiment c'est bien bête.
Que le Russe parvienne à faire la conquête
Du terrain par le Turc en Europe occupé
Et le Russe, à l'instant, de faiblesse est frappé.
L'Europe à son égard devenant attentive
Se tiendrait l'arme au bras toujours sur le qui vive ;
Seul, alors, contre tous, loin d'être le plus fort,
Le Russe finirait par avoir toujours tort.
Ensuite soyez sûr qu'une fois la Russie,
Outre juste mesure, en Europe agrandie,
Vite elle marchera vers un démembrement :
Ce qui n'est pas normal doit finir promptement.

Un immense pays, seul, ne peut pas suffire
Pour rendre tout-puissant, maintenant, un Empire,
L'homme civilisé, moins fort mais plus adroit,
Contre un rustre ignorant sait défendre son droit ;
De même on voit un peuple intelligent et brave,
Libre en ses mouvements et marchant sans entrave,
Maîtriser ou, du moins, aisément contenir
Un voisin dangereux qui voudrait s'agrandir.
La science autrefois de la force brutale
Était assez souvent la très-humble vassale,
Mais aujourd'hui la force est réduite à servir
Tout homme intelligent qui sait la faire agir.

Les fils de Mahomet, tristement ignorants,
Arriérés, au moins, de cinq ou six cents ans,
En Europe, à présent, sont une anomalie
Qui ne peut plus avoir une bien longue vie.
Si le Turc, avant peu, n'était pas expulsé,
On le verrait finir tout à fait épuisé :
L'Empire Turc se meurt, et de son héritage
On pourrait, à l'instant, commencer le partage.
Mais admettons encor qu'un seul puisse saisir
Ce qui devrait pourtant à d'autres revenir ;
Eh bien ! malgré cela l'Europe toute entière
Gagnerait en voyant abattre la bannière
De l'illustre imposteur qui fit du Paradis
Un mauvais lieu peuplé de gentilles houris.
Le terrain admirable et qui loin d'être riche
Entre les mains du Turc reste toujours en friche,
Deviendrait, cultivé par quelques bras chrétiens,
Une source pour tous de véritables biens.
Depuis que le Français est maître en Algérie
Et que la terre est là livrée à l'industrie,
On voit de tous côtés, venir des travailleurs
Pour féconder le sol à force de labeurs.
En était-il ainsi, lorsque des Deys stupides,
Gouverneurs indolents et flibustiers avides,
Vivant d'exactions, rançonnaient l'étranger
Qu'un hasard malheureux conduisait vers Alger ?
Pour sûr, le bras puissant qui pourrait en Asie
Renvoyer le Coran avec sa compagnie ;
Et de Constantinople, à Jésus consacré,
Faire enfin un lieu saint, à jamais vénéré ;
Ce bras puissant dût-il nous amener la guerre,
Nous brouiller, à jamais, même avec l'Angleterre,
Ce bras il nous faudrait hautement le bénir,
Et du fait accompli, ma foi, se réjouir.

Mais rien ne sera fait, car la diplomatie
A voulu, par malheur, être de la partie,
Et tout va demeurer en suspens désormais :
Chacun veut, à présent, vivre et mourir en paix.
Certes, la paix sera toujours avantageuse
Et la guerre, en tous temps, se montre désastreuse ;
Mais pour chasser le Turc fallait-il batailler ?
Nullement : Dites-lui, tout bas de s'en aller,
Et le Turc qui connaît et qui sent sa faiblesse,
De rester contre tous n'aurait pas la hardiesse.

Les femmes aujourd'hui, par un commun accord,
Devraient résolument crier, toutes bien fort :
Mort aux mahométans et mort à l'islamisme
Qui ne peut inspirer qu'un triste fanatisme !
La grave question qu'on nomme d'Orient,
Dès long-temps aurait pu, sans inconvénient,
Se trouver discutée en un congrès de dames :
Sur les mahométans, ces oppresseurs des femmes,
Le sexe est à mes yeux seul apte à prononcer.
Les femmes peuvent donc hardiment s'avancer ;
Et faisant ce que fit jadis Pierre l'hermite
(Prêcher la guerre sainte est, je crois, un mérite)
Les femmes, agissant dans leur propre intérêt,
Doivent contre le Turc fulminer un arrêt,
Et crier anathème à tous les turcophiles.
Les hommes qui toujours aux femmes sont dociles,
S'empresseront de faire aussitôt leur devoir
En renversant du Turc l'injurieux pouvoir.

AVANT-PROPOS.

Pour tous les gens qui ont le sens commun, il est évident que l'acte du 2 Décembre 1851 est une condamnation sans appel de la Révolution de 1830 et des turpitudes de 1848. Cependant les victimes de ces deux époques néfastes continueront, pour la majeure partie, à rester misérables : peut-être les révolutions sont-elles un des mystères de la Providence. Néanmoins, je pense que les événements de 1830 et de 1848 auraient pu être prévenus : en 1830, M. de Villèle ou M. de Martignac, ministres, n'auraient point laissé prise aux journées de Juillet; en 1848, M. Molé ou M. Thiers empêchaient le triomphe éphémère de Ledru-Rollin.

Pourquoi cette révolution de 1830 ? — Eh ! mon Dieu, c'est que les hommes de l'opposition étaient alors des gens considérables, à vues bien courtes, qui, par malheur, avaient grand crédit auprès de la bourgeoisie.

Quant aux saturnales de 1848, elles ne sont arrivées que par suite du discrédit qui avait frappé tous les hommes du Pouvoir : ce discrédit, qui s'était élevé jusqu'à la royauté, provenait de la condamnation prononcée contre un ancien ministre prévaricateur qui, au moment de sa mise en accusation, siégeait encore parmi les présidents de la Cour de Cassation et les pairs de France.

Quels furent les premiers fruits de la Révolution de 1830 ? — L'apparition du St-Simonisme qui, aujourd'hui, serait renié par ses adeptes les plus fervents de 1831. Puis ensuite est servenu le socialisme qui, un instant, a pu croire qu'on lui avait élevé un temple sous le nom d'Académie des Sciences morales et politiques. Pour sûr, vouloir faire de la morale en dehors du clergé est une chose assez bouffonne.

Le peuple, la souveraineté du peuple, la liberté. — Voilà des mots bien communs sur lesquels peu de personnes cependant se trouvent d'accord.

DU PEUPLE.

Qu'est-ce que le Peuple ? — Dans mon opinion, le Peuple, proprement dit, se compose de tous les individus qui souffrent. Le Peuple renferme dans son sein tous ceux qui n'ont en perspective, sur la fin de leurs jours, que l'hôpital ou un grabas dans un taudis. Ces gens-là forment l'immense majorité, car chez le plus grand nombre il y aura toujours manque de prévoyance et d'économie. Le Peuple se renouvelle sans cesse, mais sa masse va toujours en augmentant. Pour un homme qui parvient à s'élever au-dessus du Peuple, vous en verrez dix qui viendront tomber au milieu de la masse. Chez le Peuple, à travers la misère, les enfants pullulent, tandis que vous n'en rencontrez que quelques-uns dans les châteaux. Si dans le cœur de l'homme le sentiment du tien et du mien n'était pas inné ; si le respect de la propriété préconçu chez nous tous n'était pas mille fois plus fort que la misère, que deviendraient quelques riches au milieu de tant de malheureux ?

Quand il reste dans sa misère, — le Peuple est sublime à force de résignation, mais il est hideux et barbare dès qu'il veut sortir des limites qui lui sont tracées par la nécessité. Heureusement, le triomphe de la populace ne peut avoir qu'une bien courte durée.

DE LA SOUVERAINETÉ DU PEUPLE.

Je n'ai jamais rien compris à la Souveraineté du Peuple. Peut-on donner le nom de Souverain à une masse d'individus dont les neuf dixièmes, au moins, sont exposés à souffrir de la faim. Ces neuf dixièmes ont-ils le temps de s'occuper d'autre chose que de leur nourriture ? Tant qu'ils seront en bonne santé, donnez-leur les moyens de vivre en travaillant, et ils seront satisfaits ; quand ils seront malades, soignez-les, et ils vous béniront ; d'après cela il semblerait que rendre le Peuple heureux serait chose facile : cependant le bonheur du peuple est un problème dont la solution, sans doute, ne sera jamais trouvée.

Par sa position, la majorité du Peuple sera toujours indifférente pour la forme du gouvernement : Pouvoir absolu ou régime parlementaire, le Peuple n'est pas mieux avec l'un qu'avec l'autre. Néanmoins, il voit avec plaisir tout changement qui survient. Non seulement il laisse faire, mais encore il coopère à la démolition. Quand la bourgeoisie mécontente veut renverser ce qui existe, elle est toujours assurée de trouver dans la masse du Peuple de nombreux auxiliaires.

Depuis soixante ans, les révolutions ont été faites par la bourgeoisie et à son profit ; la bourgeoisie a supplanté la noblesse, dont elle a pris les airs et la manière de vivre. La bourgeoisie, à son tour, pourra-t-elle être expulsée de la position qu'elle occupe ? Cela semble difficile ou, pour mieux dire, est impossible. Bien que limitée, la bourgeoisie tend à s'accroître ; si jamais elle perdait du terrain, ce serait dans ce sens que, devenant plus nombreuse, chacun de ses membres en aurait moins. Pour entrer dans la bourgeoisie, il suffit d'un peu d'argent et de quelque instruction ou simplement de beaucoup d'argent. Juste milieu entre la noblesse et le Peuple, la bourgeoisie retient souvent le noble dans sa chute et tend la main à l'homme du Peuple qui, par son travail, cherche à s'élever. Instruite et quelque peu ambitieuse, la bourgeoisie n'aime pas le pouvoir absolu qui tend à comprimer : elle aime à faire et surtout à prouver qu'elle fait. Le caractère de la masse du Peuple est tout autre : envieux sans capacité, il détruit par partie de plaisir et applaudit par mauvaise humeur ; aussi le Peuple, expression de la pure démocratie, acceptera-t-il, sans difficulté, tout pouvoir, même absolu, qui voudra s'appuyer sur lui. En effet, la démocratie, pour ne pas engendrer la licence, a besoin qu'un Pouvoir absolu, fort et vigoureux, se trouve à sa tête, la contienne et la dirige. Ainsi donc le prince qui veut gouverner tout seul, n'a rien de mieux à faire que de s'appuyer sur le Peuple, en faisant pour lui, au moyen des impôts qui pèsent sur la bourgeoisie, tout ce qu'il est possible de faire. La position du prince serait-elle alors inexpugnable ? — Hélas ! non, il serait à la merci du Peuple qui, se sentant le plus fort, voudrait, peut-être, changer, soit pour essayer d'être mieux, soit même tout simplement pour avoir du nouveau. Mais parce que le Peuple aura assez de force pour détruire, je n'en conclurai pas pour cela qu'il est souverain : je n'admettrais la souveraineté du Peuple qu'autant qu'il serait possible de constater l'unanimité. Reconnaître en principe la souveraineté du Peuple, ce serait, à mes yeux, reconnaître comme nécessité la permanence des révolutions. Qu'un Pouvoir tyrannique soit renversé, tant mieux : il sera remplacé par meilleur que lui ; mais si un gouvernement modéré est anéanti, attendez-vous à la violence.

On prétend que le gouvernement d'un seul est le meilleur ou le pire de tous ; si c'est le meilleur, appuyé sur la démocratie, il a chance de durée ; si c'est le plus mauvais, grâces à cette même démocratie, son existence ne peut être longue.

DE LA LIBERTÉ.

Qu'est-ce que la Liberté ? Cette Liberté qui, après l'ordre, est le plus grand des biens. Sans ordre, la Liberté ne peut exister : l'ordre anéanti, il y a licence pour quelques-uns et servitude pour tous les autres. Q'est-ce donc que la Liberté ? Certes ce n'est pas l'obligation, pour tous les gens valides, de monter la garde ; ce n'est pas l'obligation imposée à tous de faire partie du jury ; ce n'est pas non plus la faculté de pouvoir nommer périodiquement pour législateurs, conseillers de département ou conseillers municipaux des personnes qui vous sont totalement inconnues et qui, une fois nommées, font tout le contraire de ce que vous voudriez leur voir faire.

Selon moi, la Liberté n'est pas autre chose que la faculté, pour chaque individu, de jouir avec sécurité de tout ce qu'il possède et de pouvoir faire, sans nuire à qui que ce soit, tout ce qu'il peut et veut entreprendre. Pour le moment, je ne dirai rien de la liberté de la presse qui, généralement, est mal comprise : on la condamne pour le mal qu'elle a fait, mais on ne lui tient aucun compte du bien qu'elle a pu produire. Je reviens à la Liberté, Liberté générale, prise dans toute l'acception du mot. Eh ! bien, cette liberté ne peut pas être la même pour tous. Pour l'ouvrier sans éducation libérale, qui ne gagne son pain quotidien que par un travail de chaque jour, la Liberté consiste à pouvoir travailler en paix : le bonheur de cet ouvrier, c'est de ne jamais manquer de travail. Pour l'homme riche, des plaisirs de toutes sortes constitueront la Liberté. Pour l'homme simple et timoré qui n'aime que la paix, il se trouvera libre toutes les fois qu'il verra règner le bon ordre. Mais pour l'ambitieux, le débauché, qui, à lui seul, absorberait la subsistance d'un millier d'individus, il ne se trouve libre qu'au milieu du désordre : le gâchis de 1848 n'était que le prélude de la liberté qu'il rêvait.

DE L'AUTORITÉ.

Aujourd'hui, on parle beaucoup du principe de l'Autorité; mais d'abord, je soutiens que l'Autorité n'est pas un principe : l'Autorité n'est qu'une conséquence de la force ou de la justice. Le prince qui dispose d'une force armée considérable, qui peut, sur le champ, réprimer tout désordre, ce prince a une autorité incontestée, mais qui n'est que la conséquence de la force. Donnez à un prince les titres les plus pompeux, pourra-t-il avec ces titres faire ou empêcher de faire lorsque les adhérents sur lesquels il avait pu compter jusques-là, sans même se tourner contre lui, refuseront d'exécuter ses ordres. Un prince qui, en définitive, n'est qu'un homme, ne peut rien à lui seul : il n'a de puissance qu'en proportion de ses partisans. Son autorité, très-grande aujourd'hui, peut demain se trouver réduite à zéro. Une autorité semblable ne provient donc que de la force : elle disparaît dès que la force lui manque.

L'Autorité qui provient de la justice n'est même pas celle des juges ordinaires, car, pour faire exécuter leurs arrêts, ils ont souvent besoin du secours des gendarmes. L'Autorité qui n'a que la justice pour base, c'est l'autorité des Prêtres, des Ministres de Dieu; pour se faire obéir, ils n'ont que leur parole, ils parlent au nom de la Divinité ; et leur autorité n'est jamais plus grande que lorsqu'elle est contestée par les riches et les heureux du jour.

De ce qui précède, je répéterai que l'Autorité n'est point un principe, et qu'elle n'est que la conséquence de la force qui inspire la crainte ou de la justice qui inspire le respect. Basée tout à la fois, sur la force et la justice, l'Autorité n'en est que plus considérable, mais encore une simple maladresse, un manque d'énergie sont plus que suffisants pour la détruire.

En commençant, Charles X et Louis-Philippe avaient, comme tous les princes, excité beaucoup d'enthousiasme; au moment de leur chute, ils avaient des troupes qui semblaient devoir les soutenir et les préserver de toute catastrophe ; au premier aspect, cela paraît naturel et facile, mais on ne songe pas que la bourgeoisie voulait alors du changement ; que les princes n'osaient pas faire un appel au peuple et que le peuple, tout-à-fait délaissé, faisait cause commune avec les bourgeois. Au milieu d'un mécontentement presque général les troupes perdaient toute énergie et se trouvaient paralysées. — Une catastrophe qui est arrivée deux fois en 18 ans me semble toujours possible !

On a, peut-être, tort de se féliciter de ce que l'Autorité ait pu si promptement se trouver rétablie en France : car enfin une chute instantanée et puis un triomphe subit qui condamne cette chute, tout cela dénote chez le peuple une bien grande versatilité. Qu'on n'oublie pas surtout que l'Autorité d'un seul ne peut exister que lorsque tous les autres consentent à obéir. L'Autorité est donc toujours subordonnée à ce principe : L'obéissance. Celui-là, du moins, est rationnel ; nul homme par lui-même, par ses propres forces, ne peut exercer d'autorité sur la masse, tandis que tous nous devons obéissance, ne fût-ce qu'à Dieu.

On a parlé de hiérarchie ; je ne sais pas trop ce qu'on pouvait entendre par là. Dans l'administration et surtout pour l'armée, il faut une hiérarchie car là vous avez besoin de chefs, à bien des degrés différents qui, tous, doivent être obéis. Mais en peut-il être ainsi pour les simples citoyens qui ne doivent respect et obéissance qu'à la loi. Il est impossible que la société, payante et non rétribuée, soit organisée hiérarchiquement d'une manière légale et officielle. La seule distinction qui puisse être admise, temporairement, d'un commun accord, est celle qui provient soit de la fortune, soit de l'éducation reçue. L'homme honnête et bien élevé éloigne tout naturellement de lui les gens grossiers et mal appris ; le petit rentier, qui par caractère est indépendant, ne recherche point le gros capitaliste. Ainsi, le classement se fait de lui-même et sans nul effort, précisément parce qu'entre les individus il y a souvent changement de place. Ces changements ou mieux ce déclassement semble un grand mal à quelques personnes qui, selon moi, ne raisonnent pas du tout. Car enfin depuis 60 ans il est survenu de très-grands personnages qui venaient de si bas que jamais ils n'auraient osé parler de leurs familles ; parce qu'ils se trouvent fort à l'aise aujourd'hui, faudrait-il donc que rien ne pût marcher et ne vînt contrarier leurs arrangements. Les choses n'iront point de la sorte ; les majorats sont rares et les fortunes passent vite ; il n'y a pas si grand nom qui puisse surmonter la misère : à côté des puissants du jour on verra paraître de nouveaux parvenus qui viendront les supplanter ou bien prendre place à côté d'eux.

Pour que la fortune et le pouvoir pussent toujours rester dans les mêmes mains et les mêmes familles, il faudrait que les vertus et les talents y fussent héréditaires, mais cela n'arrive guères que par exception. Peut-être les contrastes sont-ils dans l'ordre naturel ? De même que la nuit succède au jour, de même aussi une grande illustration peut fort bien ne produire qu'un crétin. — La propriété doit passer, sans aucune altération, du père au fils. Si le fils est dégénéré, il ne gardera pas long-temps sa fortune, et bien vite il tombera dans l'état infime qui lui convient. Mais qu'un fils indigne hérite de la noblesse et des dignités d'un père respectable, il avilira et traînera dans la boue ce qui ne peut exister sans l'estime publique. Ainsi donc, transmission incontestée du père au fils de tous les biens ; mais extinction avec l'homme des titres et dignités qu'il n'avait gagnés que par son mérite.

Plus vous voulez agir suivant les règles de la raison et de la sagesse, et plus vous vous rapprochez de la démocratie. Vos distinctions sociales, qui ne sont pas appuyées sur un vrai mérite, ne peuvent soutenir l'examen. N'ayez donc jamais que des titres et des dignités temporaires ; nul n'y trouvera à redire : en tous les temps, en tous les pays, le respect fut acquis à la vertu et au talent.

Aujourd'hui, la noblesse est trop peu nombreuse pour ne pas être mise hors de cause ; parmi elle quelques capacités qui pourraient se passer de leur blason, puis des nullités d'autant plus ridicules que leurs titres ne reposent que sur un passé plus ou moins contestable. En perdant leurs souvenirs, ces nullités retombent dans le néant.

Le Pouvoir n'a donc à compter qu'avec le peuple et la bourgeoisie : ceux qui possèdent et ceux qui n'ont rien. Mais ceux qui possèdent pouvant perdre, ceux qui n'ont rien pouvant gagner, le Pouvoir doit s'appuyer également sur ces deux parties, car bien que leurs forces soient inégales, l'une des deux ne pourrait pas anéantir l'autre, attendu que les meilleurs de la partie la plus nombreuse s'élèvent et tendent toujours à se classer parmi l'autre partie. Les riches bien souvent deviennent pauvres, et quelques pauvres, à leur tour, deviennent riches ; nulle défaveur ne peut donc frapper les impôts qui, payés par les possédants, sont entièrement consacrés au soulagement des malheureux. Bien maladroits, ce me semble, sont les gens qui prétendent que le Pouvoir fait trop pour le peuple. Construire pour lui des lavoirs, des bains et des logements commodes, c'est aux yeux de ces gens-là faire, en quelque sorte, du socialisme. Mieux vaudrait, disent-ils, songer à diminuer les impôts ; car, à les en croire, les détenteurs du sol, retirant peu de leurs propriétés, ne sont, pour ainsi dire, que les fermiers de l'État. Tout cela ne vaut pas la peine d'être réfuté, car les propriétaires d'immeubles n'ont point à se plaindre. Depuis trente-cinq ans, sans exagération, toutes les propriétés, terres et maisons, ont augmenté de valeur d'une moitié ; les anciens propriétaires ne peuvent donc que se féliciter de l'état actuel ; quant aux nouveaux, que pourraient-ils dire ? Ils savaient à quelles conditions ils achetaient. Mais, d'ailleurs, il ne faut pas oublier que les impôts forment, en quelque sorte, une nouvelle division de la propriété. Le Gouvernement, au moyen des impôts, fait vivre un grand nombre d'individus ; si cette faculté lui était retirée, vous auriez plus de malheureux : les propriétaires, entourés de pauvres sans ouvrage, seraient obligés de donner en aumônes plus qu'ils ne donnent pour les impôts.

DE LA LIBERTÉ DE LA PRESSE.

Certes, cette Liberté est chose bien utile, car seule elle est un obstacle aux abus. Si vous ne pouviez pas signaler le mal à vos concitoyens, vous finiriez bientôt par n'avoir pour tout droit que le droit du plus fort : les brigandages, les dilapidations de toutes sortes finiraient, dans un certain temps, par devenir l'état normal. La législation, qui régit maintenant les journaux, toute au profit de ceux qui existent, laisse beaucoup à désirer. Les journaux pouvant être supprimés, et nul journal ne pouvant paraître sans autorisation, il en résulte qu'il ne s'en forme pas de nouveaux : dès lors il y a monopole pour ceux qui sont en exercice et qui se trouvent d'autant plus assurés de leur existence qu'ils sont plus insignifiants. Si, pour le maintien de l'ordre, il est bon que le pouvoir ministériel puisse, sans jugement, supprimer un journal ; il faudrait, en revanche, que de nouveaux journaux pussent librement et sans entrave, être créés. On ne devrait jamais oublier que les journaux n'ont d'autorité qu'autant qu'ils sont les échos de l'opinion publique. L'opinion sera toujours la reine du monde : quand elle aura pour adhérents six millions d'hommes désarmés, elle sera la maîtresse d'un million d'hommes sous les armes.

CONCLUSION ET MORALE.

Vous ne pouvez arrêter un torrent, mais en lui creusant un lit, vous parvenez à le détourner ; de même en accordant à l'opinion publique tout ce qu'il est possible de lui accorder raisonnablement, vous pourrez sinon prévenir, du moins modérer et diriger une révolution.

www.ingramcontent.com/pod-product-compliance
Lightning Source LLC
Chambersburg PA
CBHW060929050426
42453CB00010B/1927